なせば成る!

探究学習
言語活動実践ハンドブック

INQUIRY BASED LEARNING

山形大学×
米沢興譲館

刊行によせて

山形大学が長年取り組んできた初年次の学生に対する一般教育（教養教育）は高い評価を受けてきました。平成22年には学生が社会の変化に対応できる力を養成するための基盤教育（現在では「基盤共通教育」）のプログラムを整備しました。全学部生が共通で学ぶ「スタートアップセミナー」を設け、そのテキスト『なせば成る！』は学生の調査・研究力、そしてその成果を発表するレポート・プレゼンテーションの能力向上のためのノウハウをコンパクトにまとめたものです。他の大学さらに高校でも広く参照されています。

一方、本学は高大連携にも積極的に取り組み、昨年は県内の３つの県立高校と包括連携協定を締結しました。その一つ、米沢興譲館高校とは授業を共同実施する等の取り組みを活発に行っています。

なかでもスーパーサイエンスハイスクール（SSH）事業には米沢に立地する工学部が長年全面的に支援を行ってきました。たとえば『なせば成る！』をテキストとしてコミュニケーション能力向上のための講座にも協力し、その指導内容を改善・深化してきました。

このたび、高大連携の成果として、『なせば成る！　探究学習』を『なせば成る！』の姉妹編として発行することとなりました。

実際に行ってきた授業の指導案、使用したワークシートや生徒の成果物の評価基準や添削例などを掲載しています。全国の高校等における探究学習の指導の参考となるよう工夫しました。本書が広く活用されることを願ってやみません。

実は本書のタイトルは、米沢藩の改革を進めた江戸後期の藩主上杉治憲（「鷹山」）の詠んだとされる和歌、

　　なせば成るなさねば成らぬなにごとも成らぬは人のなさぬなりけり

から取ったものです。鷹山はまさに藩校興譲館を創設した人物です。「なせば成る」の名を冠したハンドブックを鷹山ゆかりの高校と共同制作できたことに深い感慨を覚えております。

令和２年３月

山形大学長　小山　清人

発刊にあたって

　本校は、平成14年に文部科学省のスーパーサイエンスハイスクール研究開発指定校となり、現在は3期目となっています。当初は理数科を中心とした取組みでしたが、2期目にはそれを徐々に全校生に広げ、3期目は全ての生徒を対象にして全教員がかかわる指導体制で実践しています。2期目の学校設定教科の「異分野融合サイエンス」は、担当者が他教科の教員と協働し、自然科学の視点を盛り込みながら指導する計画で、人文社会系教員にとっては苦労が多いものでした。その実践には、自然科学系教員も含めた教員同士の研修や研究が必要であり、今振り返ると大げさではありますが、本校のパラダイムシフトであったと感じています。このように、SSHの取組みが本校の探究的な学びを牽引してきたと言っても過言ではありません。

　この間に、本校生の育成すべき資質・能力を協議し、コンピテンス型基盤教育に移行することができたのは、これまた大きな前進であったと感じます。このことによって様々な教育活動の目的が明確となり、実践と評価の一体化へとつながりました。

　主体的・対話的で深い学びを推進するときには、まず学習内容を深く理解することが大切で、それは言語教科の学習の深まりに依ることは言わずもがなでしょう。また、探究的な学びでは、課題が解決するときもあるでしょうが、そうでないときもある中で、生徒が他を巻き込みながら納得のいく解を導き出す過程では言語活用能力が必要です。「国語」は、すべての教育活動を支える基幹教科であり、SSH指定2期から今日まで、教員はその指導法について試行錯誤を繰り返しながら研究してきました。加えて、山形県の教育施策により、平成30年度に県内3校に探究科、別の3校に探究コースが設置され、探究的な学びの深化がより一層図られることになり、益々その重要性が増したと言えます。

　このような現在進行形の中で洗練されてきた国語科の実践をまとめたものが本書です。高等学校の教育現場や国語科のみならず、様々な探究的な学びの場面で広く活用されることを願っております。また、ご助言をいただければありがたく思います。

　この冊子の編集にあたり、平成24年から本校にお越しいただいてご指導してくださいました国立大学法人山形大学学術研究院　山本 陽史教授のご尽力に心より感謝を申し上げ、また発刊にあたり、山形大学のご支援を賜りましたことに厚く御礼を申し上げます。

令和2年3月

山形県立米沢興譲館高等学校長　柿﨑 悦子

探究学習
言語活動実践ハンドブック

CONTENTS

山形大学 × 米沢興譲館 　編著 山形大学教授 山本陽史＋
　　　　　　　　　　　　　　　　山形県立米沢興譲館高等学校国語科

本書について

山形大学教授　山本 陽史

　本書は平成24年度以降、山形県立米沢興譲館高等学校国語科教員団と山本陽史（山形大学学術研究院教授）が協力して言語活動に取り組んできた記録である。

　スーパーサイエンスハイスクール（SSH）事業展開の中で生徒の言語表現能力の向上を目指し、以下の3本柱で指導を行ってきた。

1. 要約練習を基本としたレポート作成講座（FS表現Ⅰ）
2. ポスター発表の基礎を学ぶ講座（FS表現Ⅱ）
3. 興譲館の先輩についてグループで調べ、プレゼンテーションを行う講座（SCⅠ）

　さらに、平成30年度からは探究科が設置され、従来のSSHによる理系（理数探究科）に文系（国際探究科）を加え、探究学習（SSR、スーパーサイエンスリサーチ）を本格的に展開することとなった。

　それに伴って国際探究科に課題発見型学習「LCⅡ」として「文献調査課題演習」を開設している。

　本書ではこれらの取り組みが具体的にわかるように、指導案とその振り返り、また実際に使用したワークシートやルーブリック評価表を収録した。

　また、山本が生徒に対して行った指導内容も掲載した。米沢興譲館高校でテキストとして使用している『なせば成る！ スタートアップセミナー学修マニュアル 三訂版』（山形大学出版会）と併せて活用いただきたい。

　さらに付録として生徒の成果物の添削例と修正結果、プレゼンテーション用の優れたスライド例も掲載した。ただし、個人情報等に配慮し、生徒氏名や画像を一部カットしたり、スライドは枚数を絞って掲載した。

　加えて、付録の最後に「プレゼンテーション評価シート」を参考として掲載した。これは米沢興譲館高校で使用しているものではないが、山本が大学・高校や官庁、企業などでプレゼンテーションの指導を行う際に使用している書式である。

　全国の高校で取り組んでおられる探究学習のさまざまの場面で、本書をご活用いただければ幸いである。

　なお、本書の書式・指導内容や生徒の成果物などについてのお問合せ・ご要望は、以下に書面でお寄せいただきたい。

　〒990-8560　山形市小白川町1－4－12　山形大学学術研究院　山本陽史

本校の探究的な学びにおいて 国語科の果たしてきた役割

山形県立米沢興譲館高等学校 国語科

　山形県立米沢興譲館高等学校は、平成24年度に文部科学省スーパーサイエンスハイスクール（SSH）事業研究開発指定校となった。研究開発課題は「科学好きの裾野を広げ、科学技術人材を育て、わが国の将来を担うサイエンスイノベーターの育成を目指す教育プログラムの研究開発」である。その中で、「国語」という教科が果たす役割を考え、約7年間実践を重ねてきた。本書では、本校の具体的実践例及び指導の振り返りを、なるべく等身大の形で紹介することで、現在教育現場で取り組まれ始めている「探究」に、国語という教科がどのように貢献できるのか、生徒に必要な能力・資質をどのように育成できるか、その参考になればと考えている。

　約7年間の実践を振り返れば、紆余曲折があった。はじめは、全ての教科・科目で実施することになった「教科と自然科学を融合させる取り組み」（学校設定教科「異分野融合サイエンス」）の設計をすることから始まった。「和算」や「印刷」に注目し、試行錯誤し、国語にかかわる事項と科学技術の接点を求めていた。しかし、いずれのアイディアもコンテンツの提供にとどまり、生徒にどのような力が必要であり、そのためにはどのような指導があるのか、十分に検討できないまま手探りで実践していた期間であった。しかし、SSH事業の中で探究的な学びが定着するにつれ、校内でも目指す生徒像、生徒に付けさせるべき力を議論する余裕が生まれ、見通しをもったカリキュラムの再開発に着手できるようになる。その議論の中で、改めて国語科が果たすべき役割が再検討された。

　本校の探究的な学びの流れは、1年時に様々な学問領域や社会とのつながりについて「知る」、2年時に自分で興味を持ったことについてテーマ設定し探究することで「深める」という柱になっている。その流れの中で、国語科として取り組むべきことは、基礎的な言語運用能力の育成であった。1年時に求められる言語運用能力は、講義・調査・実験などを効率よく記録すること、その記録をわかりやすくまとめることが中心である。2年時は、テーマを設定するために論理的に思考すること、思考過程、研究過程も含め研究した内容を論理的に伝えることが中心である。本校の探究的な学びの過程において、どの場面でも言語を適切に用いることが要求される。その言語運用力の育成を支えるのが、国語科の役割であるという立場に至った。

　国語というサイエンスとは一見結び付きがたい教科だが、科学的思考や表現の土台には言語能力があり、その土台をより確かなものにしていくことができれば、生徒はより大きな成長を見せるだろう。

　先述の通り本書は、紆余曲折を経て積み上げてきた実践が一つの形になったものである。まだまだ改善が必要な部分や不足もある。しかし、理論だけではなく、実践を中心に作られた本書が、現場でどのようなことから取り組めばよいのか暗中模索している先生方の一助になれば幸いである。

Chapter

1

INQUIRY BASED LEARNING

第1章

要約・レポート作成講座

要約・レポート作成講座（180分）の概要

1 学習の流れの確認

2 大学紹介DVD視聴　ワークシート①ー1

3 レポート作成（400字）1回目原稿用紙
　〜休憩〜

4 レポート公開添削およびレポート作成講義
　〜休憩〜

5 DVD再視聴　ワークシート①ー2

6 レポートのリライト　2回目原稿用紙

7 レポートの相互評価　ワークシート②

8 学習の総括と今後の指示

要約・レポート作成講座
指導案と振り返り

1. 目的

　探究型学習において、各種体験活動や実験の振り返りの際に行われる言語活動のうち、レポート作成のポイントを理解させることで、生徒のレポート作成能力などの表現力養成の一助とする。

　また、論理的な文章を書いたり、評価したりすることで批判的に文章を読んだり書いたりする力を身につける。

2. 内容

（1）概要

　山形大学工学部創立100周年記念DVDを見て、内容をまとめる。その後レポートの書き方についての基本事項等の講義を聴き、書き直し及び相互評価を通し、書く力、客観的に文章を評価する力を身につける。

（2）学習の流れ・時間設定　※180分の活動を想定

時間	学習活動	支援等
10分	学習の流れの確認	ワークシートの使い方について説明する。ルーブリック表をもとに評価方法・基準についてもこの場面で話しておく。
10分	山形大学工学部創立100周年記念DVDを、メモを取りながら見る。	ワークシート①－1にメモを取りながら視聴するように指示する。
30分	400字のレポートを書く。	原稿用紙①1回目に書かせる。見出しも考えさせる。
10分	休憩	
40分	レポート作成講義及びレポートの公開添削	公開添削は実物投影機でスクリーンに生徒のレポートを投影しながら、その場で添削を実施する。
10分	休憩	
10分	DVDをもう一度見て、メモを取り直す。	ワークシート①－2に講義を踏まえたうえで、メモを取らせる。
30分	レポートのリライト	原稿用紙①2回目に書かせる。1回目と同様見出しも考えさせる。
5分×2	レポートの相互評価	休憩時間などにあらかじめ3人グループになるように指示しておく。3人組でそれぞれが書いたレポートを、ワークシート②にしたがって相互評価させる。
20分	学習の総括と今後の指示 感想、アンケート記入	ワークシート②に本時の学習の振り返りとして、感想を記入させる。
	終了　ワークシート類の回収	原稿用紙・ワークシート①②を回収する。

3. 準備

（1）必要な機材　プロジェクター・スクリーン・DVDが視聴できる環境（PC等）・実物投影機
（2）教材　①ワークシート　②レポート用紙　③論文書き方テキスト

4. 評価

別紙ルーブリック表に基づいて、観察評価及び成果物（ワークシート）によって評価する。

5. 指導を振り返って

　事前にレポートの書き方は特に指導しておらず、約200人の生徒に一斉指導という形式で進めているものの、1回目に書いたレポートと、2回目のものを見比べると一文の長さが適切な字数になっていたり、「逆三角形」の構成を意識したものになっていたりするなどの改善が見られた。生徒の感想にも「講義を受ける前のレポートでは、曖昧な表現を何も考えずに用いていたが、数字や固有名詞などの具体的なデータを出すことで、説得力が出ることを知り、2回目はそこを意識して書くことができた」とあり、講義を受け、レポート作成のポイントを学んでから書いたものについて、自分で改善できたという実感が得られたようだ。

　また、ワークシート①の「構成メモ」についても、1回目はどのように活用すれば良いかわからず、空欄が多く見られたが、2回目では上手く利用してレポートの構成を考えたうえでレポートを書き始める生徒が多く見られた。レポートの公開添削は時間の都合上多くの生徒を取り上げることができたわけではないが、「先生に他の人が添削してもらうことによって、自分の文章の欠点も見つけることや改善することができて、文章力を高めることができました。」という感想もあり、他者の書いた文章を客観的に見ることで気づきも多く有益な活動だったと感じている。

　一方で、1回目と2回目で改善が見られなかったり、字数を満たすことができなかったりする生徒がいたことも事実である。ルーブリック表をもとに観点別の評価をつけ、生徒にフィードバックすることになるが、その際にレポートを返却するだけでなく、レポートを書く際に気を付けるべきポイントを改めて提示することや、どのような内容をレポートに盛り込むべきかを話す、表現として稚拙な箇所を訂正する等して気づきを促すなど、個に応じたフォローが重要となるだろう。そして普段の各教科での学習や探究型学習の振り返り等でまとまった文章を書く際にも、講義で学んだことを常に意識させることが、文章作成技術の向上につながっていく。

年　　組　　番　氏名

✏️ **取材メモ** 視聴したDVDの内容がどのようなものだったか、下の欄に自分なりにまとめ、後からレポートを作成する際に参照できるようにしましょう。視聴している際にこまめにメモをとりましょう。

▼

📝 **構成メモ** 自分のメモをどのようにレポートとしてまとめるのか、構成を考えよう。

【要約・レポート作成講座　ワークシート①−2】

✏ **取材メモ** レポート作成についての講義を踏まえ、もう一度DVDを視聴し、その内容がどのようなものだったか、下の欄に自分なりにまとめ、後からレポートを作成する際に参照できるようにしましょう。

▼

📋 **構成メモ** 自分のメモをどのようにレポートとしてまとめるのか、構成を考えよう。

要約・レポート作成講座【ワークシート②】

年　　組　　番　氏名

＊同じグループでレポートを相互評価しよう。
A：とても良い　B：良い　C：まずまず　D：良くない

【　　　　　さんが書いたレポートについての評価】

観　点	評　価	分析（良い点と改善点）
論点が明確で、何についての文章か明らかである	A ・ B ・ C ・ D	良い点
具体的事実を盛り込みながら、適切な説明をしている	A ・ B ・ C ・ D	改善点
書き言葉を適切に用い、かつ誤字脱字がなく、丁寧な字である。	A ・ B ・ C ・ D	

【　　　　　さんが書いたレポートについての評価】

観　点	評　価	分析（良い点と改善点）
論点が明確で、何についての文章か明らかである	A ・ B ・ C ・ D	良い点
具体的事実を盛り込みながら、適切な説明をしている	A ・ B ・ C ・ D	改善点
書き言葉を適切に用い、かつ誤字脱字がなく、丁寧な字である。	A ・ B ・ C ・ D	

本時の振り返り　本日の学習を振り返って身に付いたことなどをまとめよう。

要約・レポート作成講座　ルーブリック評価表

授業の取り組みの様子、ワークシート①②、原稿用紙が評価の対象です。
以下の観点をもとに本日の学習の取り組みを評価します。

観点／評価		A	B	C
（1）関心・意欲・態度	文章作成方法のポイントについて、積極的に学ぶ姿勢を身につける。【観察評価・ワークシート①②】	適宜要点をメモしながら講義を聴き、またそのメモも、次の学習活動につながる形でまとめられている。分からないことがあれば周囲に質問をしている。	適宜要点をメモしながら講義を聴いている。また、不明確な点を周囲に聞きながら解決しようとしている。	講義を聴いているが、メモやまとめをする様子があまり見られない。
（2）思考・判断・知識・理解	講義の内容について要旨をとらえ、理解する。【ワークシート①・原稿用紙①】	講義の内容を踏まえ、1度目のメモ、レポートから、2度目のメモ・レポートにおいて改善すべきポイントが押さえられている。	講義の内容を踏まえ、1度目のレポートより、2度目のレポートのほうが、一文が適切な字数で読みやすくなっている等、改善がみられる。	1度目のレポートより、2度目のレポートのほうが、若干改善がみられる。
（3）技能・表現	講義の内容を踏まえ、必要なメモをとり、論理的な文章を書くことができる。【ワークシート①・原稿用紙①】	要旨が明確で、具体的事実を盛り込んだ、まとまった文章を書くことができている。また、DVDを見ながら、レポートを書くために必要なメモを取っている。	要旨がある程度示されているが、具体的事実の説明がやや不足している。レポートに必要なメモを取りきれていない。	要旨が不明確で、具体的事実がほとんど盛り込まれていない。講義の内容を生かすことができていない。
	講義の内容を踏まえ他者の文章を客観的に評価することができる。【ワークシート②】	講義の内容を踏まえ、他者の文章を、根拠を明確に評価し、アドバイスを的確に加えている。	講義の内容を踏まえ、他者の文章を、根拠を持って評価している。	講義の内容と関係なく、自分の文章力との比較で主観的な評価にとどまっている。

INQUIRY BASED LEARNING

Chapter

2

第2章

ポスター
作成講座

ポスター作成講座（180分）の概要

1　学習の流れの確認

2　講義　ポスターセッションの概要と作り方　ワークシート①

　　〜休憩〜

3　ポスターの作成演習

4　ポスターセッション　ワークシート②

　　〜休憩〜

5　公開セッションとアドバイス

6　本時の振り返り　ワークシート③

7　学習の総括と今後の指示

ポスター作成講座
指導案と振り返り

1.目的

　探究型学習で学んだことをポスターにまとめる際のポイントや、ポスター発表の仕方を学び、生徒の表現力を養成する一助とする。

2. 内容

（1）概要

　①学んだことをポスターに効果的にまとめるポイントや、ポスター発表の仕方について、講義で学ぶ。

　②講義で学んだことを踏まえて実際にポスターを作り、発表を行う。

　③発表する際の留意事項や工夫すべき点を確認し、その後の活動に活かす。

（2）学習の流れ・時間設定　※180分の活動を想定

時間	学習活動	支援等
10分	学習の流れの確認	ワークシートの使い方について説明する。ルーブリック表をもとに活動を評価することについてもアナウンス。
30分	ポスターセッションの概要と作り方についての講義	ワークシート①にメモを取りながら視聴するように指示する。
10分	休憩	
50分	ポスター作成演習	Ａ３用紙を生徒に配布し、その場でポスターを作らせる。事前に題材（自分の所属する部活動紹介、好きな教科について等）は指定しておき、ポスター作成に必要な資料、ペンなどを用意させておく。
30分	作成したポスターを使い、グループでポスターセッション	6人グループを組み、グループ内で2人ペアを作り、お互いに発表する。一人につき発表2分＋質疑応答1分。ワークシート②に相互評価させる。終了後ペアを変える。
10分	休憩	
15分	生徒のポスターを用いての指導	公開セッションは実物投影機でスクリーンに生徒のポスターを投影しながら、実施する。その後でポスターや発表の仕方についてアドバイスを行う。
15分	ワークシートを用いて本時の学習の振り返り	ワークシート③に記入させる。
10分	学習の総括と今後の指示 アンケート記入	
	終了　ワークシート類の回収	作成したポスター、ワークシート①②③を回収する。

3. 準備

（1）必要な機材　①パソコン　②実物投影機　③ポスター作成に必要な資料（教科書や本等）④ペン

（2）教材　①ワークシート　②ポスター作成用の紙（Ａ３）

4. 評価

別紙ルーブリック表に基づいて、観察評価及び成果物（ワークシート等）によって評価する。

5. 指導を振り返って

　ポスターを作成し、発表する経験は初めての生徒が多かったが、この講座の後に研究活動の成果発表会があったこともあり、意欲的に取り組んでいる様子が見られた。ポスターのビジュアルは講義をふまえて聴衆の目を引くようなもの、例えば文字だけの説明に留まらず、図やグラフを効果的に用いるなどの工夫が見られた。本校では先輩学年のポスター発表を実際に見る機会があり、イメージを持ちながらポスター発表をすることができたのは大きかった。また、先輩が作成したポスターを参考例として掲示していたのも効果的だったように思う。

　以前は実際にポスター発表を目にする機会が少なかったので、SSH（スーパーサイエンスハイスクール）生徒研究発表会のDVDを生徒に視聴させ、高校生が実際にポスター発表をしている様子を見せたうえで取り組ませた。具体的なイメージを持って発表の練習をすることが重要だと感じている。また、生徒の感想にも「講義の時は説明のみだったのであまりイメージが湧かなかったが、実際に自分が体験することによって講義の内容を体系的に理解できた。だから、実際にやってみるということの大切さを身に染みて感じた」とあり、講義形式で知識を伝達することに加えて、実践させることによって得られる気づきは多い。「人にものを伝えるのは、自分が一方的に話すのではなく、相手に聞いてもらって、質問されてこそ、ものが伝わる」という感想もあり、ポスター発表を経験することで、質問する・されることの大切さを実感することや、他者のポスター発表も自分に引き付けて考えを深めることができるようになると考えられる。

　1回の講義や練習でポスター作成や発表のポイントを完全に習得できるわけではないので、これらのことを意識させながら、教員が継続して指導していくこともまた重要である。探究型学習の成果発表はもちろんのこと、教科の学習でも学んだ成果をポスター等にまとめて他者に伝える経験を折に触れてさせることで、学習内容を効果的に伝えるスキルも向上していくだろう。

ポスター作成講座【ワークシート①】

年　組　番　氏名　_____

講義メモ 先生の講義を聞きながら、ポスター作成の際に重要なポイントをまとめよう。

講義全体を振り返って、ポスター作成の際に意識したいと思ったポイントをまとめておこう

ポスター発表【ワークシート②】

ポスター発表【ワークシート②】

評価者氏名	評価される人

ポスターについて

評価項目	評　価
見るだけでも興味を引きつける	A ・ B ・ C ・ D
文字が読みやすい	A ・ B ・ C ・ D
図表が見やすい	A ・ B ・ C ・ D
提示されている情報に、論理的な流れが見られる（構成）	A ・ B ・ C ・ D
ポスターで伝える内容が論理的で説得力のあるものになっている	A ・ B ・ C ・ D
【アドバイス】	

発表について

評価項目	評　価
声の大きさは適切である	A ・ B ・ C ・ D
聞き手を意識した話し方（目配り、反応の確認）である	A ・ B ・ C ・ D
興味・関心を引き出す工夫がある	A ・ B ・ C ・ D
ポスターを補足するような説明になっている	A ・ B ・ C ・ D
気軽に質問しやすい	A ・ B ・ C ・ D
【アドバイス】	

ポスター発表【ワークシート②】

評価者氏名	評価される人

ポスターについて

評価項目	評　価
見るだけでも興味を引きつける	A ・ B ・ C ・ D
文字が読みやすい	A ・ B ・ C ・ D
図表が見やすい	A ・ B ・ C ・ D
提示されている情報に、論理的な流れが見られる（構成）	A ・ B ・ C ・ D
ポスターで伝える内容が論理的で説得力のあるものになっている	A ・ B ・ C ・ D
【アドバイス】	

発表について

評価項目	評　価
声の大きさは適切である	A ・ B ・ C ・ D
聞き手を意識した話し方（目配り、反応の確認）である	A ・ B ・ C ・ D
興味・関心を引き出す工夫がある	A ・ B ・ C ・ D
ポスターを補足するような説明になっている	A ・ B ・ C ・ D
気軽に質問しやすい	A ・ B ・ C ・ D
【アドバイス】	

ポスター発表【ワークシート②】

評価者氏名	評価される人

ポスターについて

評価項目	評　価
見るだけでも興味を引きつける	A ・ B ・ C ・ D
文字が読みやすい	A ・ B ・ C ・ D
図表が見やすい	A ・ B ・ C ・ D
提示されている情報に、論理的な流れが見られる（構成）	A ・ B ・ C ・ D
ポスターで伝える内容が論理的で説得力のあるものになっている	A ・ B ・ C ・ D
【アドバイス】	

発表について

評価項目	評　価
声の大きさは適切である	A ・ B ・ C ・ D
聞き手を意識した話し方（目配り、反応の確認）である	A ・ B ・ C ・ D
興味・関心を引き出す工夫がある	A ・ B ・ C ・ D
ポスターを補足するような説明になっている	A ・ B ・ C ・ D
気軽に質問しやすい	A ・ B ・ C ・ D
【アドバイス】	

ポスター作成講座【ワークシート③】

年　　組　　番　氏名

～本時の学習を振り返って～

自己評価

ポスターについて　　A：とても良い　　B：良い　　C：まずまず　　D：良くない

評価項目	評　価
見るだけでも興味を引き付ける	A　・　B　・　C　・　D
文字が読みやすい	A　・　B　・　C　・　D
図表が見やすい	A　・　B　・　C　・　D
提示されている情報に、論理的な流れが見られる（構成）	A　・　B　・　C　・　D
ポスターで伝える内容が論理的で説得力のあるものになっている	A　・　B　・　C　・　D

ポスター発表について　　A：とても良い　　B：良い　　C：まずまず　　D：良くない

評価項目	評　価
声の大きさは適切である	A　・　B　・　C　・　D
聞き手を意識した話し方（目配り、反応の確認など）である	A　・　B　・　C　・　D
興味・関心を引き出す工夫がある	A　・　B　・　C　・　D
ポスターを補足するような説明になっている	A　・　B　・　C　・　D
気軽に質問しやすい	A　・　B　・　C　・　D

本時の学習を振り返り、以下の項目にしたがって学習内容をまとめておこう。

【ポスターを作成する際に気をつけるべきポイントは何かをまとめておこう。】

【ポスター発表の際に気をつけるべきポイントは何かをまとめておこう。】

【本時の活動全体を通して身に付いたことなどをまとめよう。】

ポスター作成講座　ルーブリック評価表

授業の取り組みの様子、ワークシート①②③、作成したポスターが評価の対象です。以下の観点をもとに本日の学習の取り組みを評価します。

観点／評価		A	B	C
（1）関心・意欲・態度	ポスター作成講座について、意欲を持ち、主体的に臨んでいる。【観察評価・ワークシート①②】	適宜要点をメモしながら、積極的に講義を聞いている。	時折メモをしながら、講義を聴きいている。	講義を聴いているが、メモやまとめをする様子がない。
	学習内容に関心を持ち、ワークシートにメモを取っている。【観察評価・ワークシート①②】	積極的にメモをとり、まとめる姿勢がみられる。	講義の内容が断片的にではあるが、メモされている。	全くメモがない。
（2）思考・判断・知識・理解	講義の内容について要旨をとらえ、理解している。【ワークシート③・ポスター】	メモが次の学習活動につながる形でまとめられている。	講義の内容が断片的にではあるが、メモされている。	メモの役割を果たしていない。
	ポスターセッションの要点について理解し、修正することができている。【ワークシート③・ポスター】	1度目の発表から2度目の発表で、要点を押さえた修正・改善ができている。	1度目の発表から2度目の発表で、いくつか修正・改善ができている。	1度目の発表から2度目の発表で、改善が見られない。
	伝えたい内容をしっかりと持ち、ポスターセッションの目的・意図がはっきりとわかる。【ワークシート③・ポスター】	伝えたい内容をしっかりと持っていて、ポスターセッションの目的・意図がはっきりとわかる。	伝えたい内容をしっかりと持っているが、ポスターセッションの目的・意図がわかりにくい。	伝えたい内容がわからず、ポスターセッションの目的・意図がわからない。
（3）技能・表現	講義の内容をふまえ、グループ内のポスター発表に活かすことができている。【ワークシート②】	講義の内容をふまえ、実際にグループでのポスター発表の際に活かしている。	講義の内容の一部を取り入れ、ポスター発表を工夫しようとしている。	講義の内容を全く理解できていないポスター発表である。
	講義の内容をふまえ、他者の発表を客観的に評価することができる。【ワークシート②】	講義の内容をふまえ、他者の発表に対し、根拠を明確に評価し、アドバイスを的確に加えている。	講義の内容をふまえ、他者の発表に対し、根拠を持って評価している。	講義の内容と関係なく、自分の発表との比較で主観的な評価にとどまっている。

第2章

ポスター作成講座

INQUIRY BASED LEARNING

Chapter

③

第3章

プレゼンテーション講座

プレゼンテーション講座の概要

1 目 標

　探究型学習で学んだことを効果的に伝えるためのプレゼンテーションの基本的なスキルを実践的に学び、生徒の表現力を養成する。

2 内 容

（1）テーマ　　本校卒業生の中の偉人の紹介

（2）概　要　　①学んだことを効果的にまとめスライドを作るポイントやプレゼンテーションの基本的スキルについて、講義で学ぶ。

　　　　　　　②講義で学んだことを踏まえて実際にスライドを作り、発表を行う。

　　　　　　　③発表を相互評価し、留意事項や工夫すべき点を確認し、その後の活動に活かす。

（3）計　画　　①プレゼンテーション講義（2時間）

　　　　　　　②プレゼンテーションの準備（3時間）

　　　　　　　③プレゼン中間発表及び相互評価（1時間）

　　　　　　　④プレゼン内容のブラッシュアップ（2時間）

　　　　　　　⑤プレゼン最終発表及び相互評価（1時間）

　　　　　　　⑥プレゼンにおける重要事項の総括・活動の振り返り（2時間）

3 評 価

（1）観　点　　①関心・意欲・態度

　　　　　　　選択した人物に関わる問題点への関心、課題解決への意欲、粘り強く課題を解決しようとする態度、グループ内で役割分担をしながら協力して発表に臨む姿勢。

　　　　　　　②思考・判断・知識・理解

　　　　　　　課題や問題点を見いだす力、学習を円滑に進めるための手段やプロセスの理解、学習内容や関連した知識の理解。

　　　　　　　③技能・表現

　　　　　　　調査し情報を収集する力、結果を分析し整理する力、プレゼンテーションを行う力。

（2）方　法　　①ルーブリックに基づき評価する（＊中間・最終発表評価シート参照）

　　　　　　　②観察評価・・・毎時間の取り組みの様子

　　　　　　　③ワークシート・・・調査した内容がまとめられているか

　　　　　　　④プレゼンテーションで用いたスライド・・・成果物として

プレゼンテーション講座
指導案と振り返り

1. 目的

　探究型学習で学んだことを効果的に伝えるためのプレゼンテーションの基本的なスキルを実践的に学び、生徒の表現力を養成する。

2. 内容

（1）概要

　①学んだことを効果的にまとめスライドを作るポイントやプレゼンテーションの基本的スキルについて、講義で学ぶ。

　②講義で学んだことをふまえて実際にスライドを作り、発表を行う。

　③発表を相互評価し、留意事項や工夫すべき点を確認し、その後の活動に活かす。

（2）単元の計画　※11時間を想定

次（時間）	学習活動	指導上の留意点
1次 （2時間）	○プレゼンテーション講義 ・優れたプレゼンテーションを分析し、よいプレゼンテーションの条件を考える。 ・よいプレゼンテーションのための講義を聞く。 ・講義で学んだことと、優れたプレゼンテーションの実践例の分析をグループで整理・共有し、より実践的なプレゼンテーションスキルについて理解を深める。	・優れたプレゼンテーションを見て、プレゼンテーションの良かったことを話し合う。 ・講義で内容を補いながら、プレゼンテーションのポイントを整理する。 ・スライドの作り方、話し方、身振り手振り、など様々な観点があることに気付かせる。
2次 （3時間）	○プレゼンテーションの準備 ・テーマを絞り込み、そのテーマに沿った内容を調べ、プレゼンテーションの構成を考える。準備ができ次第、リハーサルを行う。	・4～5人のグループに分け、発表するテーマを決めさせる。準備の時間が少ないため、なるべく具体的なテーマを選択させる。 ・本校の実践においては、「本校卒業生の中の偉人の紹介」をテーマに、調査・発表させた。
3次 （3時間）	○プレゼン中間発表及び相互評価 ・1グループ5分発表3分質疑応答 ・各発表に対し、教員より助言 ・生徒の相互評価 ○プレゼン内容のブラッシュアップ ・中間発表で気づいた改善点を修正する。	・なるべく質問の形で、足りない点を生徒自身に気付かせる。 ・時間管理や準備の大切さ、魅力的かつ分かりやすく伝えることの重要性に気付かせる。 ・教員の助言や生徒の相互評価をもとに、発表を改善する。
4次 （3時間）	○プレゼン最終発表及び相互評価 ・1グループ7分発表3分質疑応答 ・各発表に対し、教員より助言 ・生徒の相互評価 ○プレゼンテーションにおいて重要だと感じたことを総括する。	・聴衆としての参加態度も生徒に求める。 ・中間発表と比較して改善された点を評価する。 ・次につながる形で、言語化させる。

3. 準備

（1）必要な機材　プロジェクター・スクリーン・ＤＶＤが視聴できる環境（ＰＣ等）
（2）教材　①ワークシート　②プレゼンテーションソフトが作成できるICT機器
　　　　　　③テキスト　　　④プレゼンテーション動画

4. 評価

別紙ルーブリック表に基づき、観察評価及び成果物（ワークシート・スライド）によって評価する。

5. 指導を振り返って

　優れたプレゼンテーションの動画を見て、生徒同士気づきを出し合い共有する学習活動を入れることで、講義の内容が実感を伴って理解できた。スライドに注目する生徒、話し方に注目する生徒、プレゼンターの挙措に注目する生徒、説明の仕方に注目する生徒など、多様な視点から優れた点の指摘が出るため、グループワークや視点の整理まで行わせると、その後の講義がより理解しやすくなる。講義の後に、改めて同じ動画を見ると、さらに優れている点の気づきがあり、学びの深まりが実感できる学習であった。

　また、プレゼンテーションの準備においては、3時間と短い時間で調べ、まとめるため、わかりやすくかつ正確にというハードルはやや難しいようであるが、調べることより、プレゼンテーションに主眼をおいた学習であるので、適切な教材提示で改善したいところである。中間発表では、事実の誤認、浅薄な理解、スライドや説明で分かりにくい部分など、多くの課題が散見される。しかし、ブラッシュアップの期間を経て、スライドは効果的になり、説明にも余裕が出る。

　一度失敗したうえで、改善する活動は生徒にとって多くの学びがある。伝わらない経験をすること、振り返る機会があること、改善しもう一度挑戦する機会があること、など学びの過程そのものを単元の計画に取り入れることができたといえる。

　生徒の躓きで多かったのは、意味を十分に理解できていないまま言葉を用いるケース、スライドにあったほうがいいことと説明のみにすべきことを分けたスライド作りができていないケースなどがある。スライドの改善例や優れたスライドも掲載しているので、参考にされたい。

　　プレゼンテーションスキルは一朝一夕で身に付くものではない。様々な場面で発表の機会をとらえ、本単元と有機的に結びつくように指導していきたい。

プレゼンテーション講座ガイダンス

（１）プレゼンテーション講座のねらい

　探究型学習で学んだことを効果的に伝えるため、プレゼンテーションの基本的なスキルを実践的に学び、表現力を身に付ける。

（２）予定（例）

月　　日（　）	ガイダンス（本日）
月　　日（　）	２時間連続での実施
月　　日（　）	プレゼンテーションの講義
月　　日（　）	プレゼン準備①
月　　日（　）	プレゼン準備②
月　　日（　）	プレゼン準備③
月　　日（　）	２時間連続での実施
月　　日（　）	プレゼン中間発表
月　　日（　）	プレゼン修正④
月　　日（　）	２時間連続での実施
月　　日（　）	プレゼン最終発表
月　　日（　）	学習内容の総括と振り返り

（３）プレゼンの内容

　①内　容　　　　本校卒業生の偉人について調べ、プレゼンテーションを行う。

　②班分け　　　　４～５人のグループに分かれて発表。

　③中間発表時　　１グループ５分で発表。３分質疑応答。

　④最終発表時　　１グループ７分で発表。３分質疑応答。

（４）注意点

　１）プレゼンテーションはグループ毎に役割分担を決めること（評価に加えます）。

　２）グループの紹介する「人物」については、第３希望まで考えたうえで、下に記入し、班長が先生に提出。

-------------------------------------- キリトリ --------------------------------------

第　　　班	

発表したい人の候補

①		②		③	

プレゼンテーション講座【ワークシート ①】

年　　組　　番　氏名

プレゼンテーションの講義を聞きながら、重要だと思う事項を中心にメモをとりましょう。後日実際にプレゼンテーションをする際の参考にしましょう。

-memo-　　　　　　　　　　　　　　　　　　　　　　　　月　　日（　　）

第３章

プレゼンテーション講座

- memo -

【講義の振り返り】 本日の学習をふまえ、良いプレゼンテーションとはどのようなものかについて、学んだことや考えたことをまとめましょう。

プレゼンテーション講座【ワークシート ②】

年　　組　　番　氏名

プレゼンテーションの際に使用するスライドを作成するためのワークシートです。

①毎時間の開始時に日付を記入し、１時間の学習で調査がどこまで進んだかわかるようにしておきましょう。

②文献等で調べた内容をまとめておき、スライドを作成する際の参考資料にしましょう。

③毎時間の最後に学習の振り返りを書き、次の時間にどのような作業に取り掛かるかを明確にしておきましょう。

※書くスペースが無くなったら先生に申し出てください。新しいワークシートを渡します。

-memo-

プレゼンテーション講座　中間発表

1. 開会【全体進行：　　　　　　　】※生徒自身で運営をします。

2. 生徒代表決意表明【　　　　　　】

3. 発表

【発表順とプレゼンテーマ】「本校卒業生の中の偉人」を紹介（※テーマは本校の例）

班	プレゼンテーマ	班	プレゼンテーマ
1	堀内素堂	5	工藤俊作　山下源太郎　南雲忠一
2	浜田広介	6	浜田広介
3	雲井龍雄	7	ますむらひろし
4	我妻　栄	8	浜田広介

　①発表は各班5分・質疑応答3分。準備ができたら挨拶をした後プレゼンを始める。

　②次の班はタイムキーパーを担当する。開始から4分で最初のベル、4分30秒で次のベルを鳴らす。
　　5分で終了。その後質疑応答3分に移る。

　③グループを前後半に分け、前半の4グループが終了したら10分間の休憩を取る。休憩終了後、後
　　半の4グループの発表に移る。

　④発表グループ以外の生徒は、中間発表評価シートに発表内容（あるいは発表を聞いての感想）の
　　メモを取りながら、発表終了後ルーブリック表にしたがって評価を行う。

4. 講評　　　　　先生

5. 閉会【全体進行：　　　　　　　】

6. 本時の活動の振り返り

　　プレゼンテーション講座中間発表評価シートに、本時の活動を振り返り、自分たちのプレゼンテーショ
ンの良かった点・改善点や、最初の講義で学んだ理想のプレゼンと自分たちのものを比較して気づいた
ことをまとめましょう。

　　次の時間からは最終発表へ向けて、今回の中間発表を踏まえ、発表内容の修正・改善を行っていきます。
最終発表は発表時間が<u>7分</u>と時間が延びることも踏まえ、準備を進めていきましょう。

プレゼンテーション講座　中間発表　【評価シート】

年　　組　　番　氏名 _____

【各班の評価】　発表を聞いたうえで、ルーブリック表を参照し、評価をしましょう。

	主体性	内容	質問	発表	スライド	発表内容（感想）のメモ
班						
班						
班						
班						
班						
班						
班						
班						

【本時の活動の振り返り】　自分たちのプレゼンテーションの良かった点・改善点や、最初の講義で学んだ理想のプレゼンと自分たちのものを比較して気づいたことをまとめましょう。

【評価基準】 下記ルーブリック表にしたがって、他のグループの発表を評価しましょう

評価の基準	A	B	C
主体性 調査や発表などのグループワークに主体的に取り組んでいる。①関心・意欲・態度	グループ内での役割を理解し、班員と協力してグループワークに取り組んでいる。	グループ内での役割を理解してグループワークに取り組んでいる。	指示を待って行動し、主体性が見られない。
内容 プレゼンテーションの内容 ②思考・判断・知識・理解	伝えたい内容をしっかりと持っていて、聞き手の興味・関心を引き出すようなプレゼンテーションを行っている。	伝えたい内容をしっかり持ってプレゼンテーションを行っている。	伝えたい内容がわからず、プレゼンテーションの目標・意図がわからない。
質問 質問への対応 ②思考・判断・知識・理解	質問に対し誠実に対応し、質問者の意図に即した過不足のない回答を心がけていた。	質問に対し誠実に対応しているが、質問者が十分満足する回答の基準には達していなかった。	質問の意図を十分に理解しておらず、回答も不十分であった。
発表 発表の仕方 ③技能・表現	話し方を工夫するなど、聞き手を見ながら発表することができる。	発表内容を理解し、聞き手を見ながら発表することができる。	メモを見ながら発表している。
スライド スライドの作り方 ③技能・表現	構成が適切で、見やすく要点がまとまっている。	1枚のシートに情報はあるが、全体の構成にまとまりがない。	1枚ごとのシートにまとまりがなく、構成も不十分である。

プレゼンテーション講座　最終発表

1. 開会【全体進行：　　　　　　　】

2. 生徒代表決意表明【　　　　　　】

3. 発表

【発表順とテーマ】「本校卒業生の中の偉人」を紹介（※テーマは本校の例）

班	プレゼンテーマ	班	プレゼンテーマ
1	ひろすけ童話 〜やさしさの理由〜	5	ますむらひろし 〜猫が生んだ物語〜
2	浜田廣介 〜ひろすけ童話の教育観〜	6	堀内素堂と幼幼精義
3	未来へつなごう　我らの校歌を 〜廣介の気持ちを知ろう〜	7	雲井龍雄の思い立つを話す
4	我妻栄が変えた民法とは	8	興譲館と海軍

①発表は各班7分・質疑応答3分。準備ができたら挨拶をした後プレゼンを始める。

②次の班はタイムキーパーを担当する。開始から6分で最初のベル、6分30秒で次のベルを鳴らす。

　7分で終了。その後質疑応答3分に移る。

③グループを前後半に分け、前半の4グループが終了したら10分間の休憩を取る。休憩終了後、後

　半の4グループの発表に移る。

④発表グループ以外の生徒は、最終発表評価シートに発表内容（あるいは発表を聞いての感想）の

　メモを取りながら、発表終了後ルーブリック表にしたがって評価を行う。

4. 講評　　　　　　先生
5. 閉会【全体進行：　　　　　　】

6. 本時の活動の振り返り

　プレゼンテーション講座最終発表評価シートに、今回の最終発表を踏まえ、今までの学習を振り返っ
てどのような力が身に付いたかをまとめましょう。

プレゼンテーション講座　最終発表　【評価シート】

年　　組　　番　氏名

【各班の評価】発表を聞いたうえで、ルーブリック表を参照し、評価をしましょう。

	主体性	内容	質問	発表	スライド	発表内容（感想）のメモ
班						
班						
班						
班						
班						
班						
班						
班						

【今までのプレゼンテーション講座で学んだことの振り返り】

今回の最終発表をふまえ、今までの学習を振り返ってどのような力が身に付いたかをまとめましょう。

【評価基準】 下記ルーブリック表にしたがって、他のグループの発表を評価しましょう

評価の基準	A	B	C
主体性 調査や発表などのグループワークに主体的に取り組んでいる。 ①関心・意欲・態度	グループ内での役割を理解し、班員と協力してグループワークに取り組んでいる。	グループ内での役割を理解してグループワークに取り組んでいる。	指示を待って行動し、主体性が見られない。
内容 プレゼンテーションの内容 ②思考・判断・知識・理解	伝えたい内容をしっかりと持っていて、聞き手の興味・関心を引き出すようなプレゼンテーションを行っている。	伝えたい内容をしっかり持ってプレゼンテーションを行っている。	伝えたい内容がわからず、プレゼンテーションの目標・意図がわからない。
質問 質問への対応 ②思考・判断・知識・理解	質問に対し誠実に対応し、質問者の意図に即した過不足のない回答を心がけていた。	質問に対し誠実に対応しているが、質問者が十分満足する回答の基準には達していなかった。	質問の意図を十分に理解しておらず、回答も不十分であった。
発表 発表の仕方 ③技能・表現	話し方を工夫するなど、聞き手を見ながら発表することができる。	発表内容を理解し、聞き手を見ながら発表することができる。	メモを見ながら発表している。
スライド スライドの作り方 ③技能・表現	構成が適切で、見やすく要点がまとまっている。	1枚のシートに情報はあるが、全体の構成にまとまりがない。	1枚ごとのシートにまとまりがなく、構成も不十分である。

INQUIRY BASED LEARNING

Chapter

4

第4章

課題発見型学習

課題発見型学習「文献調査課題演習」の概要

1 目　標
（1）　1年次に学んだ論理的な思考法や表現方法を用いて、効果的な調査、整理、表現ができる。
（2）　郷土や自文化への理解を深め、異なる文化を持つ他者とよりよい関わりを持つことができる。

2 内　容
（1）テーマ　　地域の魅力を伝える
（2）方　法　　テーマをそれぞれが具体化し、調査計画を立て、文献にあたり調査し、レポートにまとめる。文献調査では、市立図書館を活用する。
（3）計　画　　①全体ガイダンス・導入ワールドカフェ（1時間）
　　　　　　　②テーマの具体化、調査計画（2時間）
　　　　　　　③予備調査（3時間）
　　　　　　　④構想発表（1時間）
　　　　　　　⑤調査計画の修正、調査（2時間）
　　　　　　　⑥市立図書館で調査（3時間まとめ取り）
　　　　　　　⑦論文作成指導
　　　　　　　⑧レポート作成

3 評　価
（1）観　点　　①論理的思考力・・・既知、新しく得られた知識を分類・整理ながら考える力
　　　　　　　②自文化理解・異文化理解・・・自文化を知る、自文化を伝えることができる力
　　　　　　　③郷土愛・・・地域の魅力を、その背景も深く知り、わかりやすく伝えようとする態度
　　　　　　　④論理的表現力・・・伝えたいことを明確かつ意図的に伝える力
（2）方　法　　①ルーブリックに基づき評価する　（＊別紙参照）
　　　　　　　②観察評価・・・毎時間の取り組み
　　　　　　　③ワークシート・ノート・・・調査項目の整理・計画、調査内容
　　　　　　　④論文・・・最終成果物として

文献調査課題演習　指導案と振り返り

1. 目的

（1）テーマ設定および調査に必要な課題発見力、論理的思考力を育成する。

（2）調査、整理、表現を通して、情報収集力、表現力（文章作成能力）を育成する。

2. 内容

（1）概要

　①「地域の魅力を伝える」を課題とし、調査可能な内容まで各自テーマを具体化する。

　②予備調査を通し、文献調査が可能か、意義あるものかを再考しながら、調査計画を立てる。

　③計画ができたら、情報収集し、レポートにまとめる。なお、本授業は夏季休業を挟み、文献調査、情報収集、レポート作成を夏季休業中の課題とした。

（2）単元の計画　※13時間を想定

次（時間）	学習活動	指導上の留意点
1次 （2時間）	○テーマ設定講座 ・与えられた課題に対し、具体的に思いつくことをできるだけ多く挙げる。 ・KJ法や、XYチャートなどのシンキングツールを使い、分類・整理する。 ・分類したものを、抽象的な項目、具体的な項目で意識し、構造化してみる。	・アイディアが拡散するよう、ワールドカフェを取り入れた。 ・シンキングツールを用いた思考整理については1年次に学習していたので、既習のことを効果的に活用するように指示するのみで、どのシンキングツールの指定はしていない。 ・具体化の際は、5W1Hの問を用いて深めさせる。
2次 （3時間）	○テーマ設定と予備調査 ・テーマを絞り込み、そのテーマに沿った内容を調べることができるか、関連書籍が閲覧、入試可能か調査する。	・興味関心が近い生徒を4〜5人のグループに分け、協力しながら、予備調査を行わせる。
3次 （3時間）	○構想発表と調査計画の改善 ・予備調査をもとに、テーマを設定し、調査計画・レポート作成の見通しを立てる。 ・テーマ設定の動機も含め、計画をKP法で発表する。 ・構想発表で明らかになった不備を改善する。	・1グループ3分発表にする。 ・質疑の時間を設け、計画の不備や改善を生徒同士で指摘できるようにする。 ・テーマ設定に具体性と妥当性がないと調査が進まない。テーマが抽象的だったり、なぜ調査するのかの動機が不明瞭だったりする生徒には、問の形で指導する。
4次 （3時間）	○文献調査 ・公立図書館と連携し、3時間文献調査に取り組んだ。必要な文献の閲覧、複写、借受、テーマに関する関連書籍の相談など、図書館の活用について学ぶ。	・市立図書館に移動し、指導できる部屋を1室借り、調査に当たらせる。 ・レファレンスにも行かせ、指導してもらう。
5次 （2時間）	○レポート作成講座 ・引用、参考文献などの作法を学ぶ ・レポートの構成について学ぶ	・レポート作成に当たっての基礎事項を確認し、夏季休業の課題に取り組ませる。

3. 準備

（1）公立図書館との連携　一般来館者の迷惑にならないような指導

（2）教材　テキスト、ワークシート

4. 評価

別紙ルーブリック表に基づき、観察評価及び成果物（ワークシート・レポート）によって評価する。

5. 指導を振り返って

　生徒は、テーマ設定や文献調査について、どのようなときに上手くいかなくなるか、どのくらい時間がかかるのかなど、探究的な学びに必要なことを体験的に学ぶことができた。生徒が調査の段階でつまずく要因として、テーマの妥当性、具体性が挙げられる。なぜそのテーマ設定なのか、「調べてみたいから」ではなく、現代社会の諸課題と結び付けたり、調査しまとめることの必要性を説いたりできるかどうかという、調査の目的がはっきりしない生徒がいる。目的がはっきりしないと、調査計画の修正の際や、レファレンスの際に、何を基準に相談したり、変更したりすればよいかわからなくなる。また、調査に入る前に、明らかにしたいことが具体化されていないと、どのような文献にあたればよいかわからなくなってしまう。

　今回、公立図書館と連携し授業に取り組んだため、生徒が実際にレファレンスに行った際、具体的なアドバイスがもらえなかったケースがあった。生徒のテーマ設定の妥当性、具体性に欠けるため、文献の紹介や調べ方のアドバイスが具体的にできなかったためである。予備調査をしながら、徐々にテーマを具体的に絞り込んでいかなければならないが、そこでつまずく生徒がいた。この過程で、指導者はできるだけ問の形で生徒に思考を促し、適切に導けるとよい。

　探究的な学びにおいても、テーマ設定、文献調査は非常に重要な過程である。本単元では、校内のみならず、外部機関と連携したことによって、生徒に多くの気づきと学びがあったと言える。

課題発見型学習【ワークシート ①】テーマ設定

年　　組　　番　氏名

【これまでの学習活動を踏まえ、現時点で調査しようと考えているテーマ】

【予備調査で調べたこと・わかったこと・気づいたこと】

【テーマをより具体化してみよう】

テーマが抽象的だと、調査が上手くできません。以下の観点で現在のテーマを具体化してみよう。

　①誰にとっての魅力か？（住んでいる人？観光客？若者？…）

　②いつのことか？（「いつ」は歴史的な時間軸、季節における時間軸、1日の時間軸のどれか？）

　③どこのことか？（似ている他の地域との比較の観点も持とう）

　④どのようなことか？（文化といっても、日常のことか、行事のことか…）

　⑤なぜか？（なぜ魅力になりうるか？）

▼

予備調査をしながらわかったことも生かし、最初に掲げたテーマを「問い」の形で掘り下げて、具体化していこう。

【テーマの再設定】

課題発見型学習【ワークシート ②】構想発表

年　組　番　氏名 _____

【調査テーマ】

【テーマ設定の動機】 なぜ、そのテーマで調べる必要があったのか、「地域の魅力」になりうるのか、がわかるように説明しよう

【項目・章立て】 論文作成講座で学んだことを生かし、伝えたい内容、説明の順序を整理し、レポートの章立てをしてみよう

構想発表振り返りシート

年　　組　　番　氏名 _____

☆他の人の構想発表を聞いた内容をメモしよう

回目【調査テーマ】

【調査の概要】

回目【調査テーマ】

【調査の概要】

回目【調査テーマ】

【調査の概要】

☆構想発表を聞いてみての振り返り

課題発見型学習【ワークシート ③】レポート作成

年　　組　　番　氏名

【タイトル】

【序論　①調査背景　②調査目的　③調査意義】

【項目・章立て】

【おわりに　結論・展望】

文献リスト

著者名	書名	出版社	出版年	ページ	図書館名

文献調査課題演習　ルーブリック評価表

観　点	A（満足できる）	B（概ね満足できる）	C（努力を要する）
論理的思考力 （既知、新しく得られた知識を分類・整理ながら考える力）	自身の考えを整理・分類し、わかったことや調べるべきことをその都度整理できている。また、事実と分析を分けている。	自身の考えを整理しながら、やや重複や漏れがあるものの、事実に基づいて、分析をしている。	自分の考えや関心を広げるにとどまっており、整理・分類ができていない。
自文化理解・ 異文化理解 （自文化を知る、自文化を伝えることができる力）	知らない人にもわかるように、自分の調べ、考えたことを説明できている。	自分が調べ、考えたことを、自分の理解を含め説明できている。	自分が調べた事実の説明のみにとどまっている。
郷土愛 （地域の魅力を、その背景も深く知り、わかりやすく伝えようとする態度）	地域の魅力について、その背景的知識も十分に理解し、発信できている。	地域の魅力について、自分の言葉で発信できている。	地域の魅力について、既存の情報を説明するにとどまっている。
論理的表現力 （伝えたいことを明確かつ意図的に伝える力）	伝えたいことが明示的で、かつ文章全体を効果的に構成できている。	伝えたいことが明示的で、文章を複数の段落に分け、構成している。	伝えたいことが不明瞭で、文章全体の構成もできていない。

【評価の方法】

観点／時期	1学期末	2学期中間
論理的思考力	ワークシート、調査計画シート	論文構成シート
自文化理解・異文化理解	ワークシート、授業中の態度など	論文
郷土愛	ワークシート、授業中の態度など	論文
論理的表現力	ワークシート、調査計画シート	論文

INQUIRY BASED LEARNING

Chapter

第5章

探究活動の指導内容

探究活動の指導内容

探究活動の方法

山本　陽史

（はじめに）

　米沢興譲館高校の国語科の協力を得ながら山本が生徒に指導してきたのは、まずプレゼンテーションの技法、小レポートの書き方でした。その後ポスターセッションの技法についての授業も行うようになりました。

　ただし、探究科の発足以降は、プレゼンテーションの指導は興譲館の教員の皆さん個々が行うようになり、山本は最終発表等を見てアドバイスを行う立場となりつつあります。

　以下私が指導してきた内容を紹介します。

　なお、この数年は私も著者の一人である『スタートアップセミナー学修マニュアル　なせば成る！』（山形大学出版会、三訂版は2017 ）をテキストに用いています。より詳しく記載されているのでぜひご参照ください。

　加えて、このところ県内外の高校で探究学習の指導を生徒に行う機会がしばしばあります。その指導内容も含めて説明します。

0. 探究成果を発表する

　探究活動の成果は速やかに公表する必要があります。主な方法は以下の３つです。

　　1. プレゼンテーション
　　2. ポスターセッション
　　3. 小論文（レポート）

　それぞれ方法は違いますが、自分の考えや発見したことを相手に理解してもらうために行う発表形式であることは共通しています。つまり、相手に自分の考えをより正確に伝えるためのコミュニケーションの技法なのです。

　その際、自分はわかっている「既知」の情報は、聞き手（読み手）にとっては「未知」の情報であるという「情報ギャップ」があることを常に意識していることが重要です。当たり前のようですが、このギャッ

プを埋めることが意外に難しいのです。

　「この程度は知っているだろう」と思って説明を省略したことが聞き手にとって初耳のことであったり、聞き手の知らない専門用語を駆使しすぎたりすると、コミュニケーションがうまく取れなくなります。

1. プレゼンテーションの技法

1−1　プレゼンテーションとは

　プレゼンテーションはスライドの内容を読み上げたり説明するものと考えられがちですが、そうではありません。プレゼンターの説明という音声とスライドなどのビジュアルな資料を組み合わせて行うもので説明とスライドのどちらかが主、片方が従という訳ではありません。たとえて言えばコンサートや演劇に近いパフォーマンスのようなもので、それぞれの役割分担をしつつ、聴衆に自分の主張や知見（わかったこと）を聞き手に過不足無く伝えることが目標です。

1−2　リハーサルは必須

　リハーサルは必ず行うようにしましょう。できれば何回も行うと良いでしょう。回数を重ねれば重ねるほど本番の出来が良くなります。本番の会場でリハーサルができればベストですが、不可能であればパソコン上のスライドを見ながら話してみるだけでも効果があります。特にタイムマネジメントに気を使いましょう。

1−3　タイムマネジメント

　どんなに素晴らしいプレゼンテーション内容であっても時間オーバーをするだけで評価が下がってしまいます。必ず持ち時間内に収めるようにしましょう。

　リハーサルを行っていても、本番は聴衆の思いがけない反応に戸惑ったり、緊張から早口になったりします。

　何枚目のスライドでだいたい何分、といったようにスライドで進行状況を把握するようにしましょう。時計に頻繁に目をやったりすると緊張がかえって高まるので、演台の上のメモの脇に時計を置いて、メモに目を落とすと自然に目に入るようにすると良いと思います。

1-4　構成法のコツ
1-4-1　目標を明示する
　はじめにプレゼンテーションの目的をスライドでも口頭でも明示し、聴衆に何についてのプレゼンテーションかを明確に伝えましょう。

1-4-2　目次を示す
　聴衆と全体の流れを共有するため、タイトルのスライドかその次のスライドに「目次」を掲載すると良いでしょう。

1-4-3　最も伝えたいことは最後に置かない
　結論や主張を最後に置くと、絶対にそこまでたどり着かなければならないというプレッシャーがかかります。ともかく終わらせることだけに神経が向いてしまい、「時間の虜（とりこ）」になってしまいます。リハーサルを完璧に行っても本番は想定外のことが起きがちですので、必ず時間内に言いたいことが伝わる位置に置きましょう。最後の方のスライドや説明は補足的情報にとどめておき、最後まで行かなくても良いようにしておきましょう。

1-5　スライド
　以下の各項目に留意し、シンプルなスライド作りを心がけましょう。

1-5-1　文はなるべく使わない
　文をスライドに掲載すると、聴衆はどうしてもそれを読んでしまう癖があります。そうすると発表者の話す内容に注意が行かなくなってしまいます。文や文章はなるべく無くし、キーワードを箇条書きで並べるといった工夫をしましょう。
　「、」や「。」を無くすだけでも効果的です。

1-5-2　1スライド1テーマ
　1枚のスライドには1つの話題だけを入れるようにしましょう。たくさんの余白があってもそれを無理に埋めようとしないでください。
　シンプルなスライドはとてもわかりやすいのです。
　そうしておくと、スライドの順番を入れ替える際にもスライドの中身をいじる必要が無く、スムーズに変更作業ができます。

1-5-3　口頭で話す内容との棲み分けを
　話す内容を全てスライドに記載すると、単にスライドの内容を読み上げることになってしまい、面白みがなくなることが多いので避けた方が良いです。

1-5-4　「百聞は一見にしかず」－ビジュアルなスライドを作る
　写真やイラストなどの画像・グラフ・表・関係性を矢印などでつないだ図などを活用しましょう。文で

説明するより一目でイメージできるよう配慮しましょう。

1−5−5　確かなデータで根拠を示す

　探究活動のプレゼンテーションでは、科学的実験、フィールドワークなどの調査、アンケートやインタビュー、収集した情報などの分析で得られたデータを示すことが基本的な方法です。

　さらに説得力を持たせるためには、信頼できる情報源・出典から根拠となる具体的なデータを持ってきて提示するのがきわめて効果的です。紙媒体の場合は、定評のある辞書、権威のある学術書、特定の組織に関係していない新聞などの掲載内容は概ね信用できます。

　インターネットから取得する場合は国や自治体、大学など公的な組織のサイトを利用するのが原則です。Wikipediaは大変便利ですが、定説となっていない学説や未確認情報が掲載されている場合もあるので情報の入口としての利用にとどめましょう。有益な情報が掲載されていても必ず別の情報源で確認してください。

　出典は小さくで良いのでスライドに必ず明示しましょう。ネットからのデータの場合はURL以外に閲覧日時も明記します（内容が更新されたり削除される場合があるため）。

1−5−6　変化を持たせる工夫を

　スライド以外に実物や模型の提示、実演、さらには動画を取り入れることで変化が生まれ、聴衆を飽きさせない発表になります。

1−6　話し方
1−6−1　アイコンタクトを欠かさない

　メモやスライドをひたすら見続けるのではなく、適宜聴衆とアイコンタクトを取るよう心がけましょう。そうすると余裕を持って話しているように見え、より良く伝わるプレゼンテーションにつながります。

1−6−2　立ち位置

　スライドの脇に立って話すのがオーソドックスですが、その場に釘付けになったように動かないで話すのは視覚的な変化に乏しく、聴衆が退屈してしまうことがあり、考えものです。自分の話す内容に注目してもらいたいときはスライドの画面の前に出て行く、といったパフォーマンスも効果的です。

1−6−3　ノンバーバル（Non-verbal）コミュニケーションが重要

　「ノンバーバル」とは「非言語」という意味で、言語情報によらない身振りや表情（笑顔が基本）、手振りなどから得られる印象が聴衆の理解を大きく左右します。古代ギリシャから対面式授業が現在まで続いているのは、このノンバーバルの部分が重要であることの証明です。

　声のトーンや大小、話すスピード、上述のアイコンタクトや立ち位置も含め、自然で豊かな発言や動きで聴衆を魅了しましょう。

1−6−4　話す内容を文章化した原稿はNG

　話す内容を一言一句省略せず、すべて文章化して読み上げるプレゼンターを時折見かけます。そうする

と慣れない人は原稿に目がずっと釘付けになり、アイコンタクトが取れなくなるのでお勧めできません。

話す順番やキーワードを、チェックリストやメモにする程度にとどめましょう。

1-7　より良いプレゼンテーションのために

1-7-1　ナンバリングする

理由や根拠、現象などを並べるとき、「・」や「○」で箇条書きにするのではなく、数字を挙げて並べると、整理され、体系化された印象を受けます。口頭でも「いくつか理由を述べます」というより、「その理由は3つあります」と宣言した方が迫力があり、よく考え抜かれた発表という印象を与えます。

数字は3つがベストとされます。アップルの創業者でプレゼンテーションの名手として知られたスティーブ・ジョブズは好んで3つに物事をまとめました。ですが無理に3にする必要はありません。

1-7-2　文末は大事な場面では言い切る

日本語でのプレゼンテーションは「です」「ます」調になり、どうしても冗長になりがちです。加えて日本には、物事を言い切らない、控え目に表現することを美徳とする文化があります。

「と思います」「ではないでしょうか」といった表現が多用されますが、これはプレゼンテーションの場合は短所となってしまいます。

また、日本語の語順では、肯定か否定か文末まで決定しないため、文末を曖昧に発音すると肝心のことが伝わりにくくなります。

大事なポイントでは「～です」「～ではありません」と、はっきり言い切るよう心がけましょう。

1-7-3　難しい内容でもわかりやすく伝える努力を

たとえ聴衆が専門家の集まりであったとしても、専門外の人に対するようにかみ砕いて自分の言葉で伝える努力をしましょう。そうすると自身の理解もより進みます。

2.　ポスターセッションの方法

2-1　ポスターセッションの効用

広いスペースの会場に多数の大判のポスターを設置し、ポスターの脇に説明者が立ち、その研究成果を発表する形式を「ポスターセッション」（「ポスター発表」）と呼びます。

プレゼンテーションがあらかじめ発表順などのスケジュールが決まっているのに対して、ポスターは聴衆が来た時点で随時説明を行うもので、より多数の発表が可能です。

プレゼンテーションでは完成度の高い研究成果を発表することが求められますが、ポスターセッションでは、未完結、あるいは萌芽的な研究でも認められることがあります。近い距離で聴衆と双方向のやりとりが可能なため、聴衆から有益なヒントが得られたり、専門家からアドバイスを受け、研究の進展につながることもあります。

2−2　ポスターはビジュアルに

　聴衆が来てくれなければ発表ができないので、遠くから見て興味を引くポスターを作る必要があります。

　遠くからでも読めるようポスターの最上部にタイトルを置くのが原則です。タイトルは文字サイズを大きくし、フォントなど目を引くようにします。

　内容に関係するイラストや写真も添えると遠くからも目を引きます。

　明朝体よりゴシック体にするとくっきりとします。また、背景色を濃い色や暗い色にすると見にくいポスターになってしまいます。

　タイトルは短く、端的に研究内容がわかるように工夫します。

　「〜について」のような、テーマはわかってもどのような研究かわからないタイトルは避けてください。たとえば、「オリンピックとオーバーツーリズム」といった問題意識が伺えるテーマや、「蔵王の樹氷から地球温暖化をみる」というように研究方法が想像できたり、得られた成果や結論が想像できるよう、端的に表現して、聴衆が興味や期待を持てるタイトルにすると効果的です。

　ポスターはおおむね上から

　　　タイトル

　　↓研究・発表者の氏名

　　↓研究目的・要旨

　　↓研究方法

　　↓研究成果

　　↓考察・今後の課題

といった順で記載します。文字ばかりにせず、写真やグラフを活用してビジュアルで理解できるようにします。特に文章はなるべく減らすことです。口頭で補えば良いのです。

　プレゼンテーションとは違い、まずは集まってもらうために、口頭での説明よりもポスターに掲載する視覚情報を目立つように工夫しましょう。

　ですが、聴衆は興味が持てないと判断すると途中でもいなくなってしまうので、ポスターの上から順を追って説明する必要は必ずしもありません。たとえば、興味を引くように問題意識や目的を先ず述べ、続いて成果や結論を初めのうちに話すようにしてまず興味を持たせ、プロセスを続けて述べる、という構成も効果的です。

2−3　先行研究の紹介、信頼できるデータや根拠を明示

　プレゼンテーションやレポートでも同様ですが、説得力を持たせるためには正確なデータや根拠を提示することが重要です。

　自分の発表テーマについての先行研究をきちんと調べて端的に紹介し、どこまでが先行研究で明らかになっているか、先行研究が残している課題を箇条書きなどで書いておくと、自分の研究の独自性を理解してもらえ、より信頼性を高めることができます。

　既にあるグラフや図表を引用する場合はその情報源を明示し、信頼できるものであることをさりげなく明示しておきます。

　自身の実験やフィールドワークによって得られたデータを図示する場合は、いつどのような方法で行ったものかなどを明示します。ポスターはスペースが限られているので詳細を知らせる必要がある場合は、

別紙を用意して配付するという方法もあります。

　アンケートを元に考察する場合は、その結果のみをグラフで見せるのではなく、どのような集団を対象にしたか、年齢層や職業の内訳や、どのような形式でいつ行ったか、回答の回収率、具体的な設問（アンケート用紙を配るのも良いでしょう）を明示し、方法論として問題ないことが納得してもらえるようにしてください。

２−４　小道具も使って良い

　ポスターと説明だけでは十分に説明できないテーマもあります。たとえばタブレットで実験や現象の動画を見せたり、スマホで音声を聴かせたりするのも良いでしょう。実験道具や実物、模型を持ち込んで実際に操作してみせる、といった実演を入れると反応が格段に良くなります。フィールドワークの成果発表の場合、採集した標本を見せたり触らせたりというのも効果的です（安全性の確認が必要です）。他にも運動をさせたり、発音してもらったり、味見や匂いをかいでもらうなど五感に訴えるようにするのも良いでしょう。

　ポスターに掲載できる内容には限りがあるため、たとえばアンケートをもとに発表する場合は、具体的な質問紙を配るなどすればより説得力が増します。

　ポスターに記載する文章と口頭で話す内容を棲み分け、うまく組み合わせていけば、より多くの情報を披露することができます。

２−５　説明はコンパクトに、双方向で

　聴衆が来るたびに何度も同じ説明をくり返すことになるため、数分間で完結するように話す内容をコンパクトにしなければなりません。

　聴衆の反応を間近に確認できるので、臨機応変に話す内容を変える（聴衆が難しいと感じているようなら言い換えるなど）必要があります。

　質問が出たらまずお礼を言った上で、聴衆全員に質問内容を説明し、続いて全員に聞こえるように答えます。答えは結論からはじめ、短くまとめるようにしましょう。

　わからないことを聞かれた場合は曖昧に反応したり話をそらしたりせず、正直に「わからない」「準備していない」と言ってお詫びし、今後の研究の課題を与えてくれたことに感謝の言葉を添えましょう。

３．　レポート（小論文）作法

　自身の研究成果や意見を過不足なく正確に人に伝えるレポートを書くためには「文」とその集合である「文章」それぞれをきちんと書く必要があります。

　自動車に喩えれば文は部品、文章は完成品に当たります。不良な部品があれば自動車は不具合が出るし、いくら部品が揃っても組み立て方を知らなければ自動車の形になりません。両方がきちんとしていて初めて良いレポートになるのです。

以下、文の書き方と文章構成法に分けて説明します。

3－1　文の書き方の原則

山形大学の1年生向けのテキスト『スタートアップセミナー学修マニュアル　なせば成る！　三訂版』（山形大学出版会、2017 ）の中から、私が執筆した文の書き方の7原則を引用します。

1.一文の長さは30字〜40字くらいを目安とする

　1－A　一つの文には一つのことだけを書く

　1－B　「が」「けれども」を安易に使わない

2. 主語・述語、修飾語・被修飾語は近づける

3. 複数ある修飾語は長いものを先に

4. 意味的につながりやすい語と語は分離

5. 多義的な語、曖昧な表現は避ける

6. 読点「、」はなるべく少なく

7. 話し言葉を持ち込まない

このうち、最も重要なのは1に挙げた一文を30〜40字程度で書くことです。この文字数は新聞の文章を分析したものです。新聞記事の一文の平均字数を数えるとおおよそ50字前後になります。40字より長いのですが、新聞の場合は有識者のコメントを引用したり、固有名詞を省略しないことなどが関係して長くなりがちなのです。

1－Aの1センテンス1テーマを徹底すれば平均40字程度で書けるようになります。一般的に文は短いほど分かりやすくなります。原稿用紙であれば2行文、ワープロソフトなら1行文が目安です。

1－Bの「が」「けれども」を安易に使わないようにすることも文を短くするコツです。話し言葉では「が」「けれども」を多用して文を言い切らずに延々と続けていく傾向がありますが、これを書き言葉の場合は行わないよう心がけてください。

1センテンス1テーマを心がけ、40字前後で1文を書く習慣が身につけば字数指定のある小論文や入試・就職のための作文を書く際に役立ちます。これらの文章は字数指定が40の倍数である事が多く、そうするとその文章でいくつの要素を書き込めるか、おおよその目安がわかるようになります。

2以降の原則の詳細は『なせば成る！』をぜひお読みください。

3－2　文章の構成法は「逆三角形」が効果的

オーソドックスな文章構成法は序論→本論→結論というものです。じっくり読んでもらえるのであれば良いのですが、必ずしもそれにこだわらなる必要はありません。特に字数指定がある場合、その順番で書いていくと最後に字数が余ったり足りなくなったりしてしまい、肝心の結論がうまく伝わらなくなる可能性があります。

ほかに「起承転結」という構成法もよく言われます。ですがこれはもともと漢詩の構成法で、「転」で

突然どんでん返しが起きて話題が転じるという流れです。これは、小説やエッセイなどの文学的文章には向いていますが、報告文などの論理的文章には不向きです。

　レポートとしてもっとも適切と私が考えるのは、「逆三角形」と呼ばれる新聞記事の構成法です。これは読者に伝えたい大事な情報から書いていくという構成法で、新聞やテレビラジオのニュースで一般的に行われています。

　新聞記事は1行12字程度の段が組まれています。ところが大きなニュースでは段を抜いた縦長の文章が最初に出ることがあります。これを「リード」または「リード文」と呼び、記事全体の要約文の役割を果たしています。見出しとあわせてリード文を読めばそのニュースのエッセンスが理解できるようになっています。「5W1H」（when, where, who, what, why, how）、いつ、どこで、誰が、何を、なぜ、どのように、という基本情報を必要な限り記事の初めの方に書くのが原則です。

　最も重要な情報を最初の方に書き、その後重要度が低くなっていく順に情報や具体的な説明などを書いていくのが「逆三角形」です。この構成方法は読者が知りたいことをいち早く知ることができる点で優れたものです。

　小論文では最も重要な意見や結論を先に書けるので、字数にそれほど神経質になることなく書けるのがメリットです。

　新聞記事の1段落はだいたい130～160字ぐらいです。つまり3～4つの文で構成するのが標準的です。一定の内容のまとまりである段落をコンパクトにすることは読者にとってさらに読解の便を助けることになります。

3-3　見出しの工夫　「～について」は避ける

　自分自身で考えてタイトルを付けることが必要な場合は、「～について」といった漠然とした見出しは避けましょう。これはテーマはわかっても何が言いたいのかは読者に伝わりません。新聞記事ではこのような見出しは決して付けません。読者に興味を持ってもらえないからです。自身の主張や研究成果を示す具体的なキーワードを入れた見出しを作ると良いでしょう。短い字数で収めるのが困難な場合は本来のタイトルにサブタイトルも付けてかまいません。

4　（参考）調査研究の方法

4-1　「研究」として必要な要素
4-1-1　検証可能性

　他者が研究成果物（論文・著書・発表・製品・作物等）の内容について検証可能であることが重要です。

　A．実験の場合同じ条件下で行われた場合、同じ結果が再現されること。

　　（主に自然科学）

　B．使用・引用したデータ・文献や資料にアクセスでき、確認が誰でも可能であること。

　　（主に人文・社会科学）

4−1−2　独創性

それまでの研究成果をふまえつつ、自分のオリジナルな知見（理論・意見・発見・工夫・技術など）を加えるものであること。

※先行研究の要約・事項の説明などは研究論文とは見なされません。

4−1−3．公開性

（言語や入手方法の制約はあっても）誰もがその著書や論文を読むことができることが重要です。

4−2 課題を発見・設定する

4−2−1　「世間」の「常識」を疑う

「あたりまえ」のものに疑問を持ちましょう。また、「みんながそう言っている」ことは正しいか考えてみましょう。そこから課題が見つかることは多いのです。

4−2−2　自分の興味・興味関心のあるテーマを選ぶ

「どうしてもこの研究をしないと自分は死んでしまう」ものを選びなさい、とすぐれた西洋史学者であり、一橋大学長をつとめた故阿部謹也氏は指導教官から指導を受けました。そこまで大げさでなくとも、自分が興味のあるテーマを選ばないと、研究に熱は入らないものです。

4−2−3　広すぎ・大きすぎたり、曖昧・漠然としたテーマは避ける

「環境問題を考える」「少子高齢化を考える」といった広いテーマにすると、どこから手を付けていいかがわからなくなってしまいます。

4−2−4　身近な話題を取り上げ、そこから広げていくのも良い

「○○商店街の現状から」「高校生と選挙権」といった身近な話題を取り上げると手を付けやすくなります。

ですが、自分の現況・現実に完全に合わせてしまうのも考えものです。結論が見えてしまってつまらなくなってしまうことがあります。自分の実力より少し背伸びしたものを選ぶと研究が深く広がっていく可能性が高まります。

4−3　リサーチする（テーマ選定の段階）

取り上げようと考えているテーマについて以下のことを調べましょう。

その際、確かな情報源にあたることが重要です。

・現在の研究水準・現状を確認する

・何がわかっていて何がわかっていないか、が明確か

・自分が研究に参入する余地はあるか（独創性が発揮できるか）

・自分の持っているスキルで対応可能か

　（語学力やパソコン運用力、フィールドワークの場合旅費・時間的余裕など）

4－4　リサーチする（データ・資料収集と分析）

　自分の問題意識（明確にしたいこと）に基づきデータ・資料を集める際の留意点を以下挙げておきます。

※グループの場合、役割分担をはっきりさせておきましょう。

　（プレゼンテーションも同様）

・信頼できる出典・手段からデータを収集する

・出典は必ず記録・保存する

・自分の仮説・意見に不都合と思われるデータを無視したり捨てない

・データの数字や文章は元のままが原則。勝手に変更しない

・外国語を翻訳する場合は翻訳者名を明記する

・データを分析して、完全にわかったこと／推定できること／不明なことを区別する

4－5　研究論文・発表の若干の作法を身につける
4－5－1　自分の意見と他者の説が判別できることが基本

　共感できる意見や学説に出会うと、それに影響されてしまってまるで自分が考えついた説のように書いてしまいがちです。自分の意見と他人の説かを明確に区別して書けるようにしましょう。

4－5－2　注釈の付け方

　第三者がその文献などに容易にアクセスできるようにします。

　論文なら「雑誌名・発行者・著者名・掲載ページ」、ウェブページならURLと閲覧日時を書を書きます。

4－5－3　引用の仕方

　他の人の論文や著書から自分の研究に役立つ部分を「引用」することは広く行われています。

　その場合、著者・文献名・出典などを明記し、必要な部分を「　」に入れるか、行頭を２字空けるかで引用であることが読者にわかるようにします。

　・原則として原文の表記を変えてはいけません

　・「（都合の良い）部分的引用」で執筆者の意図を曲げないように

　　たとえば極端な例として「現在の異常気象は温室効果ガスが原因ではなく、地球の周期的な気候変動が原因という意見がある。しかし私はそうは思わない。」という記述があったとして、最初の文だけを引用し、２つ目の文をカットすると筆者の立場がまったく伝わらなくなってしまいます。

　・自分の論が「従」で引用した説が「主」にならないこと

　　引用は基本的に自説を補強するために行われます。他者の論文の紹介文のようにならないようにしましょう。

4－6　構想を立て、構成を決める

　序論→本論→結論の順番には必ずしもこだわらなくて良いです。

　※「起承転結」は文学的文章には有効でも論理的文章にはなじみません。

自分の結論から述べ、その根拠をデータを根拠に、分析の過程を記しつつ説明していく方法が書きやすいので、3－2で触れた「逆三角形」でも全く問題はありません。また、「クリティカル・シンキング」（仮説を立て、データで妥当性を検証する方法）も良い方法です。

4－7　レポートを書く際の留意点

既に触れた部分もありますが、以下の点に留意しましょう。

1. 他人の説と自分の説が読者に区別できるように

2. 事実と推論が区別できるように

3. 難しいことでもわかりやすく書く努力をする

4. 文はシンプルに

   ・1文は短く（30 ～ 40字が目標）

   ・1文には言いたいことを1つだけ書く

5. 読者に誤解されない文を書く

   ・読者との情報ギャップを埋める

   ・読者の立場に立って読み直す

   ・学術用語は定義づけをきちんと把握して使う

6. 曖昧な文末表現はＮＧ

   ×「ではないだろうか」

   ×「可能性がある」

INQUIRY BASED LEARNING

Chapter

付録

添削の
実例など

ワークシート記入例

年　組　番　氏名

＊同じグループでレポートを相互評価しよう。
A：とても良い　　B：良い　　C：まずまず　　D：良くない

【　　　　　のレポート】

観　点	評　価	分析（良い点と改善点）
論点が明確で、何についての文章か明らかである	Ⓐ ・ B ・ C ・ D	一文一文が分かりやすくまとめられていて読みやすかったです。読点をもう少し減らすと再に良くなるんじゃないかなと思いました。
具体的事実を盛り込みながら、適切な説明をしている	Ⓐ ・ B ・ C ・ D	
書き言葉を適切に用い、かつ誤字脱字がなく、丁寧な字である。	Ⓐ ・ B ・ C ・ D	

【　　　　　のレポート】

観　点	評　価	分析（良い点と改善点）
論点が明確で、何についての文章か明らかである	Ⓐ ・ B ・ C ・ D	長い歴史の中で何が作われ変わってきたのかが良く分かりました。「だ、である」調にすると文全体がもっと強調されると思いました。
具体的事実を盛り込みながら、適切な説明をしている	Ⓐ ・ B ・ C ・ D	
書き言葉を適切に用い、かつ誤字脱字がなく、丁寧な字である。	Ⓐ ・ B ・ C ・ D	

本時の感想

　講義を聞いて読点を少なくしようとしたり一文をなるべく短くするように意識するだけで文全体がスッキリした気がしました。
　1回目は400字が多く感じたけど2回目は少なく感じました。レポートだけでなく、何かを伝える時は「逆三角形」と「5W1H」を意識していきたいと思いました。グループの人たちのレポートが分かりやすくてすごいなと思いました。

レポート添削例と修正後

見出し：山大工学部の100年とこれからの ~~活やく~~ 飛躍 へ

明治43年に設立 ~~も~~ 、昭和24年に今の ~~大学~~ （学部）名
となった山大工学部。~~生徒~~ （学生）数も設立当時の50
名から620名と増えた。学科数も ~~増え現段階~~ （在）で
は8学科 ~~も~~ ある。国内でも有数の工業地域と（して）
知られる米沢を支えているのは山大工学部で
ある。1993年には城戸（淳二）教授が有機ELの白色発
光を世界で初めて成功させた。他にも ~~大工~~ 受
精 ~~について~~ 研究を進めている阿部（宏良）教授など多
くの人が社会へと貢献をしている。その中で
も山大工学部が特に力を入れているのはロだ
ット工学である。宇宙空間にお ~~いその~~ （ける ロボットの作業で）的確な
遠隔操作 ~~やその~~ （を行う）ためのバーチャルリアリティ
技術 ~~をもつロボット~~ （の）開発が進められている。
また環境適応ロボットなどにも力を入れた取
り組みが行われている。その他に山大工学部
では ~~近年~~ （学）の若者が工業について関心をもつた
めの活動も行っている。毎年夏に行われる科
学フェスティバルや出前授業などだ。このよ
うな活動 ~~のおかげ~~ （により、）で米沢がさらに発展した工
業地域へとなっていく ~~だろう~~ （よう取り組んでいる）。

（欄外メモ）初出ではフルネームで（固有名詞）

（欄外メモ）卵の呼吸量を測定する

FS 表現 I　2回目　　組　氏名　　　　20×20

見 出 し：山大工学部の100年とこれからの飛躍へ

　明治43年に設立され、昭和24年に今の学部名となった山形大学工学部。学生数も設立当時の50名から620名と増えた。学部数も現在では8学科ある。国内でも有数の工業地域として知られる米沢を支えているのは山大工学部である。1993年には城戸淳二教授が有機ELの白色発光を世界で初めて成功させた。他にも受精卵の呼吸量を測定する研究を進めている。中でも山大工学部が特に力を入れているのはロボット工学である。宇宙空間におけるロボットの作業で的確な遠隔操作を行うためのバーチャルリアリティ技術の開発が進められている。また環境適応ロボットなどにも力を入れた取り組みが行われている。その他に山大工学部では若者が工学について関心をもつための活動も行っている。毎年夏に行われる科学フェスティバルや出前授業などだ。このような活動により、米沢がさらに発展した工業地域へとなっていくよう取り組んでいる。

20×20

ＦＳ表現Ⅰ　2回目　　組　氏名

教育問題と最新教育 →もう少しわかりやすい言い方はない？

このキーワードを見出しに入れた方がいいのでは？

～現在の問題を解決するための最新教育を知る～

どう違う？

1.要旨 現在には、生徒内での不登校問題やいじめ自殺 さらに 身体に障害のある児童がたくさんいる。しかしその中で、どのような最新の教育によって解決に至っているのかを調べていくため。

要旨ではなく目的では

さらに、これからの子供達に求められる新しい能力を追究していきたいと思ったため。

2.現在の問題

問題が広く多岐にわたるのでどれかに絞った方が良いのでは？

グラフ1　グラフ2

・生徒内のいじめ
・不登校問題
・能力の発達が遅い生徒

3.問題に対応する最新教育

・全中学校にスクールカウンセラーを配置させる →悩んでいる生徒を助ける
・プロジェクト型リーディングスキルを導入し、児童の教科書が読み取れる力を育成。
・アクティブラーニングを導入 →友達と考える機会を増やす。
・夜間中学校、フリースクールを配置 →不登校の生徒を減らす

具体的にどのようなもの？

4.AIを使った教育

・小4～英語教育を始める ⇒外国語活動を活発にさせて
・iーPadやコンピュータを使ったプログラミングの授業も行って、AIでは代替できない力を養う
i (小文字)

具体的にどのようなものか

5.まとめと考察

現在ではさまざまな教育問題に関する教育を学ぶことができた。このようにAIを使用したり、スクールカウンセラーを導入することによって、生徒の心理状態も少し改善するのではないかと考えた。リーディングスキルを向上させることによって、学習の定着もはかれるのではないかと考えた。

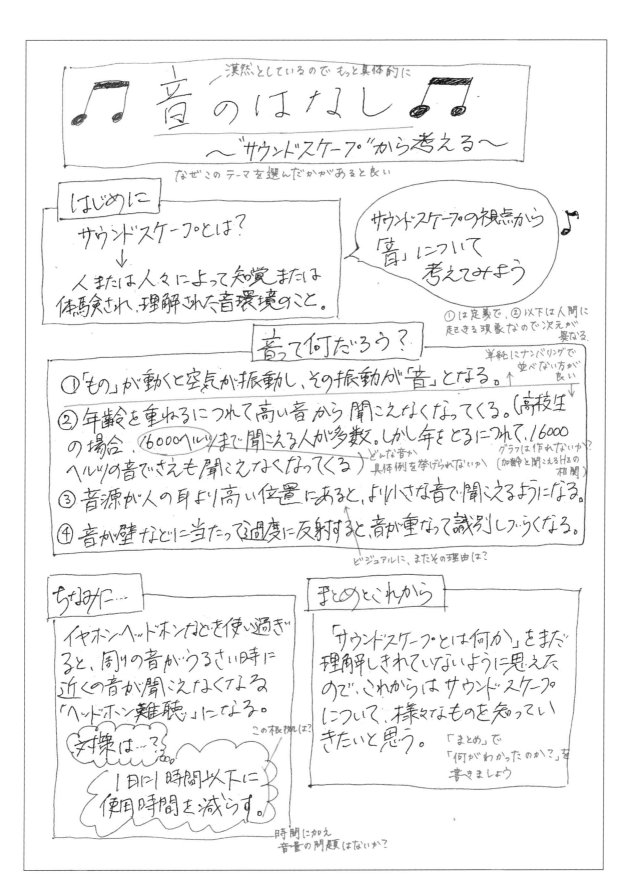

ポスター試作例

教育改革
～教員に求められる資質～

生徒氏名（省略）

要旨 21世紀を担う子供たちに求められる資質(=21世紀スキル)を教育するにあたり、必要とされる教師の資質を考察する。

21世紀スキルとは…
① 情報・メディアリテラシー、コミュニケーション力
② 分析力、問題発見・解決力、想像力
③ 協働力、自己規律力、責任感・協調性、社会的責任

これらを育成するために教師は何をすべきか？

教員に必要な力
- 豊かな人間性
- 専門的な知識・技術

生徒の心を理解できる
- 多様な生徒への対応
- 生徒に合った教育手法

授業内容の改善
- フィードバックの徹底
- ICTの活用

PDCAサイクルの活用

PDCAサイクルの導入によって
生徒自身の課題発見力、解決力の向上が期待できる。

また自らの行動を分析し、新たな課題発見につながることから、現代社会の変化により柔軟に対応する力が育成される。

考察

21世紀を担う子供たちに、基礎知識だけでなくその知識を現代の社会課題に応用させ、主体的に物事をとらえる力が求められる。そのために教師は豊かな人間性、社会性を持つ必要があると考える。様々な教育手法が導入される中で、本当に子供たちにあっているのか、PDCAを教師と生徒で回していく必要がある。教育者として生徒の上に立とうとするのではなく、生徒と同じ目線から物事を捉えようとする態度が、21世紀教育の担い手である教師に求められる資質であると考える。

参考 文部科学省：これからの社会と教員に求められる資質能力

勝負だ！！AI！
～これからに必要な能力～

生徒氏名（省略）

概　要

私たちはFS（異文化融合サイエンス）において、教育の現状や今後の課題について学び、考えた。人工知能（AI）が発達した現代では、将来多くの仕事がAIに代替されると考えられている。その中で必要とされるのは知識だけではない新たな能力の育成である。現在の教育では授業だけでは育むことのできない能力、「非認知能力」が注目されている。

現代社会の問題：「職のほとんどがＡＩに代替される」

授業だけでは育むことのできない能力の育成

〈認知的能力〉
・Collaboration(協働する力)
・Critical thinking（批判的思考力）
・Communication
　（コミュニケーション能力）
・Creativity(創造性)
・Knowledge,Skills(知識、技能)

〈非認知能力〉
・Mindset(マインドセット)
・Curiosity(好奇心)
・Courage(勇気)
・Resilience(復元力)
・Self-efficacy(自己効力感)

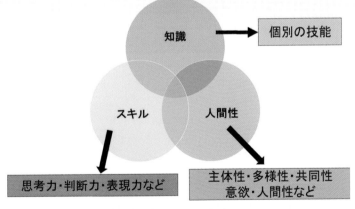

知識 → 個別の技能

スキル → 思考力・判断力・表現力など

人間性 → 主体性・多様性・共同性 意欲・人間性など

ま と め

現在の授業だけでは育むことができない能力を育成することは、私たちの将来を守ることにもつながると知った。学校の授業だけでは得られない非認知能力を身につけるための授業を作ることが今後の教員には求められる。私たちは教員という職を将来の視野に入れているため、今後も教育についての学習を進め、どんな教育が必要になるのかを具体的に考えていきたい。

スライド修正前

興譲館と海軍

生徒氏名（省略）

1

興譲館出身海軍軍人

- 工藤俊作
  - 大佐
  - 1901年1月7日生まれ 79年1月7日or12日
  - 我妻栄の父に習った

2

- 南雲忠一
  - 大将
  - 1887年3月25日生まれ 1944年7月4日 没
  - 真珠湾攻撃の指揮を執った
  - 死ぬまで米沢弁が抜けなかった

3

- 山下源太郎
  - 大将
  - 1863年8月26日生まれ 1931年2月18日 没
  - 海軍兵学校の入試を全て英語で解答した

4

海軍に入る理由

- 朝敵の立場を挽回するため
- 勝海舟との繋がり
- 山下源太郎の功績

5

- 米沢藩が興譲館の漢学教育を徹底
- 英学振興、外国人教師を招いた

6

競争率の高さが沢山の
海軍兵士を生んだ。

7

スライド修正後

興譲館と海軍
班生徒氏名（省略）

1

興譲館出身海軍軍人
- 山下源太郎(M.16-S.06)
  - 海軍兵学校の入試を全て英語で解答した
- 南雲忠一(M.41-S.19)
  - 真珠湾攻撃の指揮を執った
- 工藤俊作(T.12-S.54)
  - 英国兵計422名救出した

2

海軍に多く入った理由

- 立場を挽回するため
- 勝海舟との繋がり

3

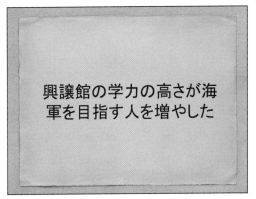

4

- 山下源太郎の功績
- 漢学教育を徹底
- 外国人教師を招いた

5

興譲館の学力の高さが海軍を目指す人を増やした

6

参考文献

- 海は白髪なれど
- 遠い潮騒 米沢海軍の系譜と追憶
- 興譲館の青春 総集編
- 海の武士道
- 敵兵を救助せよ！英国兵422名を救助した駆逐艦「雷」工藤艦長

7

SSR発表用スライド例

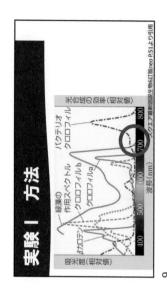

3

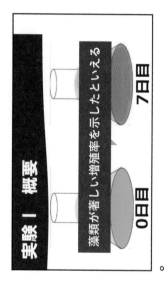

6

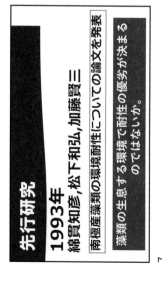

9

2

5

8

1

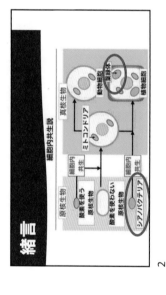

4

7

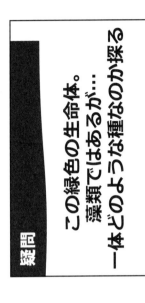

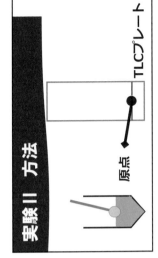

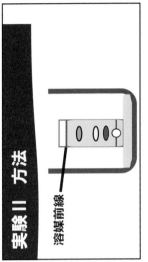

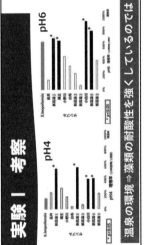

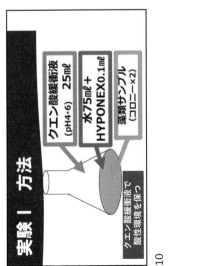

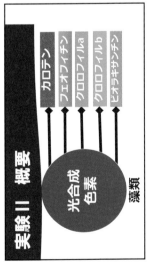

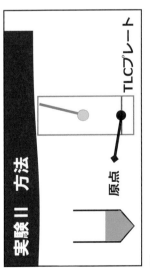

実験II 方法

Rf値を求める

$$Rf値 = \frac{b}{a}$$

溶媒前線 / a / b / 色素 / 原点

19

実験II 結果

溶媒前線
カロテン
クロロフィルa
クロロフィルb
ビオラキサンチン

例；蔵王サンプル

	Rf値
	0.95
	0.57
	0.50
	0.47
	0.42
	0.33
	0.13

(5.7 / 3.4 / 2.8 / 2.5 / 2.0 / 0.8)

20

実験II 結果

9サンプルがクロロフィルaを有していた

NO.	色素	カロテン	フェオフィチン	クロロフィルb	クロロフィルa	ルテイン	ビオラキサンチン	ネオキサンチン
	Rf値	0.90	0.55	0.47	0.42	0.39	0.30	0.17
	シアノバクテリア	○(0.91)	○(0.54)	●	●			○(0.18)
1	緑藻類				0.48			
2	NIES 新添加株							
7	小白川			●(0.63)				○(0.15)
8	白布			●(0.50)				○(0.20)
9	小野川			○(0.47)				○(0.13)
10	長井			○(0.50)				
11	蔵王			○(0.95)		○(0.33)	○(0.42)	

21

実験II 考察

カロテン / シアノバクテリア / クロロフィルa / クロロフィルb / 緑藻類

TLCだけでは完全な種の特定ができない

22

さらなる疑問

クロロフィルaを有していたこれらの生物はシアノバクテリアなのか。緑藻類なのか。

23

さらなる疑問−2

クロロフィルaとクロロフィルbどちらも有している生物は一体どのような生物なのか。

24

実験III

PCR法によるシアノバクテリアの同定

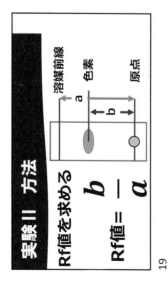

25

実験III 同定の流れ

3STEP!!

DNAを取り出して → 大量に増やして → DNAを可視化する

26

実験III 同定の流れ

DNA抽出 → PCR法 → 電気泳動

27

実験III
電気泳動

2%アガロースゲルを使用

上から見た図

バンドが出た
⇒シアノバクテリアである

28

実験III 結果

29

実験III 考察

クロロフィルaを有していた

シアノバクテリアでなかったものは緑藻類であると考えられる

30

実験III 考察

クロロフィルbを有していないながら
シアノバクテリアであったサンプル

サンプルの単離培養を繰り返し行っていく

31

結論

pH4で増殖率が著しく高い シアノバクテリア

酸性環境で著しい増殖率を示すシアノバクテリアを探索できた

32

展望

医療・食 分野

環境問題

エネルギー問題

33

謝辞

本研究は
山形大学工学部矢野成和助教、熊坂克先生、山口大輔先生、尾形啓明先生のご指導の下行われました。この場を借りて感謝申し上げます。

34

参考文献

* Appl.Environ.Microbiol.50(5),1292-1295,1985/土壌圏の創生とロマン
* 科学技術動向 2009年9月号 微細藻類(マイクロアルジェ)が拓く未来
* 核融合共同分光法で見た南極産藻類Dunaliellaの塩ストレス応答；網岡知彦・松下和弘,加藤賢三 生物物理 33(4),228-231,1993
* 細胞の増殖を捉える－計測法から比速度算出まで一；小西正明・堀内淳一 Jpn.J.Biol.Educ 44(1),10-18,2003
* 光合成色素の定性分析から植物進化を考察する実践的研究 陵造二
* PCR primers to amplify 16S rRNA genes from cyanobacteria. ; Nübel, U, Garcia-Pichel, F. & Muyzer, G ApplEnviron. Microbiol. 63 (8), 3327-3332, 1997

35

ご清聴
ありがとうございました。

36

プレゼンテーション評価シート

プレゼンテーション評価シート

_____年___月___日

発表者氏名_____

発表テーマ_____

発表時間_____分_____秒

記入者名_____

1	興味を持てるよう工夫されていたか	1 2 3 4 5
2	目標は明示されていたか	1 2 3 4 5
3	スライドはシンプルだったか	1 2 3 4 5
4	スライド枚数は適量だったか	1 2 3 4 5　□多　□少
5	タイムマネジメントは適切だったか	1 2 3 4 5　□長　□短
6	アイコンタクトが取れていたか	1 2 3 4 5
7	表情は豊かだったか	1 2 3 4 5
8	声は聞き取りやすかったか	1 2 3 4 5
9	話す速さはちょうど良かったか	←速い　　ちょうど良い→ 1 2 3 4 5
10	わかりやすく話す努力は見られたか	1 2 3 4 5
11	双方向的なプレゼンだったか	1 2 3 4 5
12	満足感の得られるプレゼンだったか	1 2 3 4 5
13	(あった場合)プレゼンターからの質問の意図は明確だったか	1 2 3 4 5
14	(あった場合)フロアからの質問・回答等への対応は的確だったか	1 2 3 4 5
15	総合評価	1 2 3 4 5

コメント・アドバイス等自由記述欄

編著者一覧

山形大学学術研究院教授
山 本 陽 史

山形県立米沢興譲館高等学校
国語科職員（旧職員含む）
荒 井 ゆり子
上 野 詩 織
氏 居 恵 美
川原吹 いつみ
寺 澤 　 聡
中 川 玲 子
原 田 知 明
廣 瀬 辰 平
山 口 　 優

なせば成る！ 探究学習
―言語活動実践ハンドブック―

2020年3月31日 初版 第1刷発行

編著者 山形大学教授 山本陽史
山形県立米沢興譲館高等学校 国語科
発行所 山形大学出版会
〒990-8560 山形県山形市小白川町1-4-12
電話 023-677-1182（販売）
印 刷 藤庄印刷株式会社
〒999-3104 山形県上山市蔵王の森7
電話 023-677-1111